Mentalidad Financiera Ganadora:

Gerencia del Dinero y Las Inversiones Inteligentes

Herman Vincent

Copyright © 2018 de Herman Vincent

Derechos Reservados

Ninguna parte de este libro puede ser reproducida en cualquier forma sin permiso escrito del autor. Pasajes breves pueden ser citados solo para fines de revisión.

Declaración

Aunque al momento de la impresión, el autor y editor han hecho todo el esfuerzo posible para asegurarse que la información en este libro sea correcta, el autor y editor no asumen ninguna responsabilidad y quedan exentos de cualquier responsabilidad por pérdida, daño o problema ocasionado por errores u omisiones, ya sea que tales errores u omisiones sean el resultado de negligencia, accidente o cualquier otra causa.

Este libro no es intencionado como un sustituto para la recomendación médica de doctores. El lector debe consultar un doctor regularmente en cuanto a los asuntos relacionados con su salud, y particularmente, con respecto a cualquier síntoma que pueda requerir diagnostico o atención médica.

Los puntos de vista expresados son únicamente del autor y no deben ser considerados como instrucciones ni ordenes de un experto. El lector es responsable por sus propias acciones.

La adhesión a todas las leyes y regulaciones aplicables, incluyendo internacionales, federales, estatales y de gobierno de licencia profesional local, las prácticas comerciales, la publicidad y todos los demás aspectos de hacer negocios en los Estados Unidos, Canadá, o cualquier otra jurisdicción, es responsabilidad exclusiva del comprador o lector.

Ni el autor ni la casa editorial asumen ninguna responsabilidad u obligación legal alguna en nombre del comprador o lector de este material.

Cualquier percepción de alguna ofensa a cualquier individuo u organización es completamente no intencionada.

Tabla De Contenidos

Prefacio

Introducción

Capítulo 1: Bases De Una Mentalidad Correcta

Capítulo 2: La Importancia De La Salud

Capítulo 3: Tu Profesión O Negocio

Capítulo 4: Persevera

Capítulo 5: Tu Integridad

Capítulo 6: Los Fundamentos De Las Finanzas Familiares

Capítulo 7: Reuniones Familiares Y Metas Económicas

Capítulo 8: Evalúa Tu Posición Económica

Capítulo 9: Elimina Los Gastos Adicionales

Capítulo 10: Encuentra Formas Económicas De Divertirte

Capítulo 11: Sincronízate Económicamente Con Tu Pareja

Capítulo 12: Los Peligros De No Tener Tus Finanzas En Orden

Capítulo 13: Fundamentos De La Inversión

Capítulo 14: ¿Deberías Invertir?

Capítulo 15: Primero Lo Primero - Estabilízate

Capítulo 16: Produciendo Activos Adicionales

Capítulo 17: Estrategia y Estilo

Conclusión

Prefacio

Antes de que comiences a leer lo que podría cambiar tu vida y la de tu familia, sólo quiero agradecerte por comprar este libro. Como autor, es un gran honor, y mi única esperanza es que encuentres la información y motivación que estás buscando. Espero que tu inversión de tiempo y dinero valgan la pena.

También quiero pedirte una cosa sencilla, pero que es muy importante para mí:

Si te gusta lo que leíste, por favor escribe una reseña honesta en Amazon. Ve a la página del libro (donde lo compraste), desplázate hacia abajo, hasta la sección de reseñas, y escribe qué pensaste del libro y dale una calificación. Amazon jerarquiza los libros publicados en el sitio y las reseñas de los usuarios son una parte muy importante de este proceso, así que cualquier comentario que puedas dar importa, y si es positivo, ¡mucho mejor!

Gracias una vez más, y continua para vivir una vida de libertad financiera, ¡ésa que mereces!

Introducción

Este libro es relevante si eres soltero, si tienes pareja o incluso si tienes hijos. Sin importar cuál sea tu situación, tienes que hacerte responsable de tu futuro financiero. Aquí te daré las bases para que comiences a hacer algo al respecto, ya sea que estés solo, pensando sobre tener una familia, o que ya tengas una.

Tienes que tener tres cosas en orden: la mentalidad correcta, las bases para un buen manejo del dinero y los principios de la inversión. Hablaremos sobre los tres.

Aquellos que realmente quieren alcanzar una mentalidad financiera libre sólo tienen que enfocarse en ello y adquirir los medios necesarios para lograrlo, así como hacen con cualquier otra cosa que quieran alcanzar, y esto se puede lograr fácilmente.

Pero por muy simple que sea obtener ganancias, no me cabe duda de que muchos estarán de acuerdo en que lo más difícil de hacer es aferrarse a ellas. Lo que hay que hacer es gastar menos de lo que ganamos; parece ser muy sencillo. Muchos de mis lectores dirán, "lo comprendemos: esto es un estado mental, y sabemos que eso es riqueza; sabemos que no podemos comernos la torta y tenerla en la mano al mismo tiempo".

Sin embargo, la mayoría de los fracasos nacen de errores en este preciso punto, más que en cualquier otro. La realidad es que muchas personas creen que entienden la mentalidad necesaria, pero no es así.

Los presupuestos familiares son muy diferentes al presupuesto de una pareja. Las necesidades de una familia son sumamente distintas a las de dos personas que no tienen hijos. En este libro, te daremos la información que necesitas.

Por último, en cuando a inversiones se refiere, muchos novatos quieren meterse de lleno en el juego. Desafortunadamente, muy pocos de estos inversores tienen éxito. La inversión en cualquier cosa requiere cierto grado de destreza. Es importante recordar que pocas inversiones son un negocio seguro: ¡recuerda el riesgo de perder tu dinero!

Así que presta atención a los fundamentos de la inversión que aparecen aquí para cerciorarte de que vas por buen camino.

¡Empecemos!

Capítulo 1:
Bases De Una Mentalidad Correcta

La verdadera mentalidad orientada al dinero es incomprendida y muchas personas viven su vida sin realmente entender qué significa.

Uno dice, "Tengo un ingreso de tanto y mi vecino gana lo mismo; pero él es exitoso y yo me quedo atrás. ¿Por qué? Si yo entiendo todo esto del estado mental". O eso cree él.

Hay personas que creen que una mentalidad para tener dinero consiste en escatimar en gastos, en ahorrarse esos dos centavos de la factura del agua y otras cosas. No, no es sobre ser tacaño.

Este tipo de individuos dejan que su forma de pensar vaya por un solo camino. Disfrutan ser increíblemente frugales, tanto que ahorran un centavo donde deberían gastar dos, y creen que pueden costearse otras cosas.

Lo Que Sí Es

Cuentan los ancianos que hace mucho tiempo, antes de que apareciera el Kerosén, uno podría parar durante la noche en el hogar de una granjera y cenar como un rey, pero después de la cena, querría sentarse a leer en la sala y no podría, ya que la luz de una sola vela lo haría imposible.

La anfitriona, al presenciar este dilema, diría: "es un poco difícil leer aquí en las noches; nunca encendemos más de una vela, excepto en ocasiones especiales".

Estas "ocasiones especiales" ocurrirían, si acaso, dos veces al año. Así, la mujer ahorraría $5, $6 o $10, pero la información que podría obtener gracias a la luz adicional, naturalmente, sobrepasaría el valor de toneladas de velas.

Pero el problema no termina aquí: pensando en cuánto ahorra al no utilizar velas extra, cree que puede costearse, frecuentemente, $20 o $30 en lazos y encajes innecesarios. Esta falsa creencia puede verse a menudo en otras circunstancias.

Te darás cuenta que hay hombres de negocios exitosos que reúsan envoltorios viejos y retazos de papel. Esto está bien; puede que ahorren $5 o $10 al año, pero al ser tan ahorrativos (solo en papel), creen que pueden permitirse malgastar tiempo; tener fiestas costosas y conducir sus autos elegantes. Éste es un ejemplo de cómo se puede estar tan pendiente de unos centavos, que se acaba gastando un dineral. Nunca he conocido a alguien que alcance el éxito gracias a esta manera de pensar.

La verdadera forma de pensar con respecto al dinero consiste en hacer que las ganancias superen a los gastos. Viste tus ropas viejas un poco más si es necesario; olvida el par de guantes nuevos; arregla ese vestido viejo; come platos más simples si hace falta. Así, bajó toda circunstancia -a menos que ocurra un accidente inesperado-, la balanza estará del lado de las ganancias.

Un centavo por aquí; un dólar por allá. Esos ahorros se acumularán y el resultado que deseas será alcanzado. Alcanzar esta mentalidad requiere, probablemente, un poco de práctica, pero cuando te acostumbres a ella, descubrirás que es más satisfactorio ahorrar inteligentemente, que gastar sin mesura.

Ésta es una fórmula que yo mismo recomiendo. La he visto funcionar como un antídoto para la extravagancia y, en particular, para mentalidades erróneas: cuando te des cuenta de que no tienes excedente a fin de año, pero sí tienes altos ingresos, toma un pedazo de papel y anota cada artículo que simbolice un gasto.

Hazlo a diario o cada semana en dos columnas separadas: una de artículos "esenciales", "comodidades", incluso; y una de "lujos". Descubrirás que la segunda columna será doblemente, o más, larga que la primera. Las verdaderas comodidades de la vida cuestan una porción mínima de lo que la mayoría de la gente gana.

Toma como ejemplo la mentalidad de "seguirle el paso al vecino millonario". Uno piensa: "Ahí va un hombre con un ingreso de cincuenta millones de dólares al año, mientras yo gano apenas cien mil. Le conocía cuando era pobre, como yo; ahora es millonario y cree que es mejor que yo. Le demostraré que puedo ser tan bueno como él. Compraré un auto caro; no, no puedo hacer eso, pero alquilaré uno y lo manejaré en la calle por la que él pasa, así que le probaré que soy tan bueno como él".

Amigo mío, no tienes que hacer todo eso. Puedes probar fácilmente que "eres mejor que él" solo con comportarte tan bien como él. No puedes hacer que nadie sienta que tú eres tan adinerado como ellos. Además, si actúas de esta forma, y gastas tu tiempo y tus ingresos, te quedarás pobre por mantener "apariencias" para, al final, no engañar a nadie.

No avanzarás en el mundo si tu envidia te empuja a la deuda. En este país, en el que creemos que la mayoría debe gobernar, olvidamos esto y dejamos que un puñado de individuos, autodenominados aristócratas, pinten un estándar falso de perfección, y al intentar estar a la par de este estándar, nos perpetuamos en la pobreza; todo esto, mientras nos partimos las espaldas para mantener las apariencias.

Qué sensato decir: "regularemos nuestros gastos con base en los ingresos y ahorraremos algo para los días lluviosos". La gente debería ser tan juiciosa con el dinero como con cualquier otra cosa. Cada movimiento produce su efecto. No puedes acumular una fortuna si vas por el camino del empobrecimiento. Aquellos que mastican más de lo que pueden tragar sin pensar en las consecuencias, podrían nunca alcanzar su independencia económica.

Todo el mundo está acostumbrado a satisfacer sus impulsos. Nos parece difícil, inicialmente, reducir nuestros gastos innecesarios: entramos en negación si tenemos que vivir en una casa un poco más pequeña, con mueblería más barata, menos ropa cara, menos entretenimiento y otras extravagancias adicionales. Pero, al final, si hacemos un "colchón" de ahorros o invertimos racionalmente, nos sorprenderemos de la alegría que trae añadir permanentemente a nuestra pequeña reserva de dinero.

Cuando empieces a entender los placeres de ahorrar, el traje viejo y los zapaptos servirán por una temporada más; el agua sabrá mejor que la champaña; una caminata será más estimulante que un paseo en el mejor auto; y una tarde jugando en familia será mucho más agradable que malgastar $150 en una noche.

Miles de personas se quedan en la pobreza, y decenas de miles caen en ella después de ser millonarios como resultado de vivir gastando más de lo que pueden. "Fácil viene y fácil se va"; un dicho viejo y verdadero. El espíritu de orgullo y vanidad, cuando se le permite andar a sus anchas, es el verdadero problema.

Muchos individuos, cuando empiezan a prosperar, empiezan a gastar instantáneamente en lujos hasta que, en poco tiempo, sus gastos exceden sus ingresos y caen en la ruina gracias a sus absurdos intentos de mantener las apariencias.

Capítulo 2:
La Importancia De La Salud

El pilar del éxito es la salud: ésa es la fortuna básica. Es, asimismo, la piedra angular de la felicidad.

Un individuo no puede amasar riquezas efectivamente si está enfermo. No tiene ambición, motivación ni fuerza.

Naturalmente, existen quienes tienen un estado de salud defectuoso y no pueden hacer nada al respecto: no esperarías que tal persona reuniera mucha fortuna, pero hay muchas personas que tienen mala salud, y que no tienen por qué.

Salud y Prosperidad

Si la buena salud es el pilar del éxito y la felicidad, ¡qué crucial es que estudiemos las leyes del bienestar! Aun así, cuántos individuos no les prestan atención y hasta las rompen, a veces en contra de su propia inclinación interior. Deberías saber que la "ignorancia" nunca es una bendición. Un niño pone su mano al fuego porque no sabe que le quemará, y sufre por ello.

Muchos violan conscientemente, y en contra de sus propios impulsos, las leyes de la naturaleza para mantener su estilo. Por ejemplo, hay una cosa que nadie amaría naturalmente: el tabaco; y mira cuántas personas cultivan un vicio antinatural, y terminan amándolo.

Toman control de un veneno o, mejor dicho, el veneno toma control de ellos. Un rasgo peligroso de este apetito artificial es que, así como la envidia, crece mientras más se satisface; cuando amas aquello que es antinatural, el apetito por lo que hace daño se vuelve mayor que el deseo por lo inofensivo. Un viejo proverbio dice que "el hábito es una segunda naturaleza", pero un hábito artificial es más fuerte que lo natural.

Los jóvenes lamentan no crecer; les encantaría irse a dormir y despertar convertidos en adultos. Para esto, copian los hábitos indeseables de los mayores. El pequeño Miguel ve a su padre o tío fumar una pipa, y dice: "si tan solo pudiera hacer eso, también sería un adulto. El tío Juan olvidó su pipa de tabaco, la voy a probar". Toma un fósforo y la enciende, e inhala el humo. "Aprenderé a fumar, pero tiene un sabor amargo", piensa. Al poco rato palidece, pero persiste hasta que domina su apetito antinatural y se convierte en una víctima de los gustos adquiridos.

Su paladar se narcotizó por el humo dañino. Éste es el perfecto ejemplo de los hábitos caros, inútiles y nocivos que adopta la gente. Hablo por experiencia. He fumado hasta temblar, hasta que la sangre sube a mi cabeza y hasta tuve un estremecimiento en el pecho que pensé que podría ser una condición cardíaca. Cuando consulté a mi doctor, me dijo: "deja el tabaco". No solo estaba deteriorando mi salud y gastando mucho dinero, sino que estaba dando un mal ejemplo. Tomé su consejo.

Estos comentarios se aplican con diez veces más fuerza al uso de bebidas alcoholicas. Para obtener ganancias hay que tener una mente clara y ver que $2 + 2 = 4$. Tienes que hacer tus planes con contemplación y cautela, y examinar cuidadosamente todos los detalles y minucias de tu negocio.

Ninguna persona puede ser exitosa en los negocios a menos que tenga una mente que le permita hacer sus planes y una razón que le ayude a ejecutarlos. Por esta razón, no importa con cuánta inteligencia haya sido bendecida tu mente si está nublada y tu juicio, distorsionado por la embriaguez. Es imposible que tu negocio sea manejado exitosamente.

¿Cuántas increíbles oportunidades se han dejado pasar, para nunca volver, mientras alguien estaba tomándose un "trago social" con su compañero? ¿Cuántas gangas triviales se han concretado bajo la influencia del alcohol y le han hecho creer que es millonario?

¿Cuántas oportunidades cruciales se han pospuestos "hasta mañana", y luego eternamente, después de que el vino arrojó al cuerpo a un estado letárgico, neutralizando las energías fundamentales para el éxito en los negocios?

Capítulo 3:

Tu Profesión O Negocio

El plan que más posibilidades de éxito trae para aquellos que comienzan en la vida es escoger la carrera que esté más sintonizada con sus gustos.

Haz Lo Que Amas

Los padres suelen ser negligentes cuando se trata de esto. Es muy común escuchar a un padre decir, por ejemplo: "Tengo cinco hijos. Guillermo será un reverendo; Juan, un abogado; Tomás, un restaurador; y Richard, un granjero." Entonces, piensa en qué convertirá a Samuel. Dice: "Sam, la relojería es un buen negocio; creo que te convertiré en un orfebre." El padre hace esto sin considerar las disposiciones naturales de Samuel o su genialidad.

Todos nosotros, sin lugar a duda, nacimos con un propósito. Hay tanta diversidad en nuestros cerebros como en nuestras sonrisas. Algunos nacen como mecánicos natos, mientras otros tienen un gran desagrado por la maquinaria.

Pon a una docena de niños a ensamblar un artefacto, y pronto verás a 2 o 3 desarmándolo para ver cómo funciona. Cuando apenas tenían 5 años, sus padres no podían encontrar otro juguete que los deleitara tanto como un rompecabezas. Son mecánicos natos; pero los otros 8 o 9 niños tienen aptitudes distintas.

Yo me ubico en el segundo grupo; nunca he tenido el más mínimo gusto por la mecánica. Todo lo contrario: tengo cierto desprecio por la maquinaria complicada. Nunca he tenido suficiente ingenio como para descubrir cómo funciona. Nunca pude reparar autos o entender los fundamentos de una motor. Si alguien intentara convertirme en relojero, siendo niño, podría desarmar y armar un reloj después de 5 o 7 años de aprendizaje; pero todo el camino estaría trabajando a cuestas y buscando cualquier excusa para dejar el oficio. Todo porque detesto la relojería.

A menos que alguien caiga por suerte en la carrera que naturalmente le corresponde, y que esté adaptada a su brillantez particular, no puede alcanzar el éxito. Me satisface creer que la gran mayoría de la gente sí encuentra su carrera, pero también vemos a muchos que malinterpretaron su llamado, desde el hombre de negocios hasta el reverendo.

Verás, por ejemplo, al extraordinario lingüista que es un "mecánico obligado", quien debió haber sido un profesor de Idiomas; o a algún abogado, doctor o sacerdote cuyo llamado era ser mecánico.

Después de elegir la carrera correcta, debes tener cuidado al seleccionar la locación en la que la ejercerás. Puede que te toque dirigir un hotel, y se dice que manejar un hotel es cosa de genios.

Puede que lo manejes sin el más mínimo inconveniente y prestes un servicio satisfactorio a 500 huéspedes al día; pero si tu hotel está ubicado en un pueblo en el que no circula el público, tu ubicación será tu ruina.

Asimismo, es crucial que no empieces un negocio donde ya existan otros que satisfagan las demandas de un sector determinado.

Capítulo 4:
Persevera

Cuando una persona está en el camino correcto, debe persistir. Hago énfasis en esto porque existen individuos que "nacen cansados"; son holgazanes por naturaleza y no buscan superarse a ellos mismos ni cultivan la constancia.

Pero deberían desarrollar estos rasgos.

Es esta adicción inicial la que debe trabajarse, esa determinación de no dejar que la depresión se adueñe de ti y disminuya tu energía en la batalla por la independencia.

No Te Rindas

Cuántos no han estado a un paso de alcanzar sus sueños, pero, al perder la fe en sí mismos, pierden también las energías y su premio dorado desaparece junto a ellas.

Si te detienes, alguien más atrevido dará los pasos que a ti te faltaron y ganará el premio. Recuerda el proverbio de Salomón: "La mano negligente hace pobre; más la mano de los diligentes enriquece."

La perseverancia es, ocasionalmente, apenas un término diferente para "autosuficiencia". Muchas personas ven naturalmente el lado oscuro de la vida y acogen sus problemas. Nacen así, y cuando escuchan un consejo, son gobernados por una corriente de aire y desequilibrados por otra, y no pueden depender de sí mismos. Hasta que puedas ser autosuficiente, no deberías esperar ser exitoso.

Existen aquellos que han encontrado obstáculos monetarios y, finalmente, han abandonado porque creyeron que jamás podrían superar sus desgracias. Pero también he conocido personas que han encontrado obstáculos peores y los han vencido con pura perseverancia y una creencia sólida de que estaban haciendo lo correcto.
Trabaja día y noche si es necesario, temporada tras temporada, sin dejar pasar detalle o posponiendo, así

sea por una hora, lo que pueda hacerse en el momento.

Ésta vieja frase está llena de verdad: "Lo que vale la pena hacer, vale la pena hacerlo bien." Muchas personas alcanzan sus fortunas manejando sus negocios minuciosamente, mientras sus vecinos se quedan pobres por hacer sus trabajos a medias. La ambición, vitalidad, afán, y la persistencia son elementos indispensables para alcanzar el éxito en los negocios.

La fortuna favorece a los valientes, y nunca ayuda a quien no se ayuda a sí mismo. No ganarás nada al esperar que "pase algo". A quienes hacen esto, les suelen "pasar" solo una de dos cosas: el hospicio o la tristeza, ya que la ociosidad cría malos hábitos y viste a un hombre con harapos. El derrochador le dice al hombre adinerado:

"He descubierto que hay suficiente dinero en el mundo para todos nosotros si fuese dividido equitativamente; esto debe hacerse y así todos seremos felices juntos."

"Pero," responde el millonario, "si fuese como tú, quedaría en ruinas en dos meses. ¿Qué harías entonces?".

"¡Oh! Dividir una vez más; ¡seguir dividiendo, naturalmente!"

Haz tu parte del trabajo o no alcanzarás el éxito. Mahoma, una noche, mientras acampaba en el desierto, escuchó a uno de sus exhaustos seguidores decir: "¡Dejaré libre a mi camello y se lo confiaré al poder superior!" "No, no. Así, no," dijo el profeta, "¡*amarra a tu camello* y confíaselo al poder superior!" Haz todo lo que puedas hacer por ti mismo y después confía a la suerte, o como sea que le llames, el resto.

Por naturaleza, un empleado no puede ser tan fiel a su patrón como lo es a sí mismo. Muchos empleadores recordarán situaciones en las que los mejores trabajadores han desatendido puntos importantes que no se les habrían escapado si fuesen los dueños.

Nadie tiene derecho de ganar en la vida a menos que entienda su negocio, y nadie puede entender su negocio como la palma de su mano a menos que lo estudie con atención y a través de la experiencia.

En el caso de un fabricante: tiene que estudiar todos los detalles de su negocio personalmente; descubrirá algo cada día y se dará cuenta de que cometerá errores también a diario. Y precisamente estos errores le ayudarán, en forma de experiencia, si tan solo les presta atención.

Tienes que emplear cautela al hacer tus planes, pero ser osado y valiente al ejecutarlos. Alguien que es puro cuidado nunca se atreverá a tomar cartas en el asunto y ser exitoso; y aquél que es pura valentía, es un temerario y está destinado a fracasar.

Uno puede "hacerse cargo" y ganar $500,000 especulando en la bolsa de valores en una sola jornada. Pero si solo es osado y no tiene cuidado, todo habrá sido pura casualidad, y lo que haya ganado, lo perderá al día siguiente. Tienes que tener cuidado y atrevimiento para garantizar tu éxito.

Nunca te asocies con una persona o lugar que esté destinado a fallar. Quiero decir, nunca te comprometas con una persona o lugar que nunca alcance el éxito: aunque parezca ser honesto e inteligente, si intenta esto o lo otro y siempre fracasa, se debe a algún error o debilidad que puede que no veas, pero está ahí.

No existe la suerte. Nunca ha existido un hombre que haya salido en la mañana y se haya encontrado con una bolsa de dinero, y otra al día siguiente, y así consecutivamente, todos los días. Puede que lo haga una vez en su vida, pero si de suerte se trata, lo más probable es que la pierda en cuanto la descubra.

Cada acto tiene su consecuencia. Si alguien adquiere las técnicas correctas para ser exitoso, la "suerte" no le detendrá. Si no alcanza la victoria, habrá razones para eso, aunque, tal vez, no pueda verlas.

Capítulo 5:
Tu Integridad

La civilidad y la educación son el mejor capital para invertir en tus negocios. Tiendas grandes, letreros dorados y flamantes publicidades serán inútiles si tú o tus empleados tratan a los clientes de forma inadecuada.

La verdad es que mientras más agradable y generosa es una persona, más ricos serán los negocios que atrae. La generosidad genera generosidad.

Aquél que entrega la mayor cantidad de bienes al menor precio posible (pero sin dejar de generar ingresos), usualmente tendrá un mayor éxito a largo plazo.

Las personas que consiguen gangas a costa de sus clientes, pensando que nunca los volverán a ver, no están equivocados: nunca los verán de nuevo... como clientes.

Lo Que Atraemos A Nosotros Mismos

Las personas deben ser caritativas por naturaleza porque es un deber y un placer. Pero es norma que, si no tienes una motivación mayor, te darás cuenta de que alguien generoso atraerá clientela, mientras que el vivo y tacaño será evitado.

El mejor tipo de caridad es ayudar a quienes están dispuestos a ayudarse a sí mismos: el hecho de dar excesiva y gratuitamente, sin considerar el valor del solicitante, es un alto riesgo en todo sentido. Buscar y ayudar a quienes están luchando por sí mismos es lo ideal, pero no te dejes llevar por la idea de que rezar y tener buenos deseos es mejor para los hambrientos que un pedazo de pan. Es mucho más fácil conectarse con alguien que tiene el estómago lleno.

La integridad es más apreciada que los diamantes y los rubíes. Esto se nota cuando tienes dificultades para obtener dinero de forma honesta; muchos dicen que es más fácil obtenerlo "suciamente". ¡Recuerda que una de las cosas más difíciles en la vida es ganar dinero engañando a otros!

No es sorpresa que nuestras cárceles estén llenas de personas que siguieron malos consejos; o que el deshonesto es descubierto rápidamente y, cuando la verdad se revela, casi cualquier camino al éxito es clausurado por siempre. El público exilia a todo aquel cuya integridad sea puesta en duda.

No importa cuán educada y agradable sea una persona, ninguno de nosotros quiere lidiar con alguien de quien desconfiamos. La honestidad no solo yace en las bases de todo éxito (financiero), sino en cualquier aspecto adicional.

Una integridad inquebrantable no tiene precio. Asegura a su portador una paz y alegría que no puede ser obtenida de otra forma, y que no se puede comprar con ninguna suma de dinero, casas o tierras. Una persona totalmente honesta podrá ser pobre por siempre, pero tiene todas las chequeras de la comunidad a su alcance, ya que todos confían en su responsabilidad cuando de préstamos se trata. Por simple egoísmo, si alguien no tiene mayores escondidas para ser honesto, los demás considerarán que "la honestidad es su mejor política."

Convertirse en millonario no siempre es sinónimo de ser exitoso. "Existen muchos ricos pobres," mientras que hay personas honestas y dedicadas que jamás han tenido tanto dinero como un millonario gasta en una semana, pero que son más ricos y felices de lo que cualquiera, siendo transgresor de las leyes de su propio ser, podría sentirse.

El amor excesivo al dinero es, sin duda alguna, "la raíz de todo mal", pero el dinero en sí, usado sensatamente, es "algo útil para tener en casa", ya que tiene la capacidad de bendecir al hombre al darle las herramientas para expandir el alcance de la felicidad e influencia humana. El deseo de tener riquezas es prácticamente universal y nadie puede negar que es algo loable, siempre y cuando su dueño acepte las obligaciones que vienen con el dinero, y lo utilice para el bien de la humanidad.

La historia de la acumulación de riquezas es la historia de la civilización y, a donde sea que el comercio se haya expandido, allí también han producido mayores resultados las artes y las ciencias. De hecho, quienes persiguen al dinero son los mayores ayudantes de nuestra especie. Les debemos a ellos, en gran parte, nuestro progreso.

Decir que existen tacaños que acaparan fortunas solo porque sí y que no tienen más ambición que obtener lo que esté a su alcance, no es un argumento válido en contra del deseo o de la posesión de riquezas. Así como hay hipócritas en la fe y demagogos en la política, hay acaparadores entre quienes buscan dinero. Estas personas, sin embargo, son excepciones dentro del conjunto general.

Pero, en este país, cuando descubrimos la piedra en el zapato de un acaparador, recordamos que eventualmente llegará el momento en el que todo su mal acumulado se esparcirá, y que será para el bien de la humanidad.

Hombres y mujeres: ganen dinero honestamente y no "originalmente", recordando las palabras de William Shakespeare: "Aquel que quiere dinero, medios y satisfacciones, es aquel que no tiene tres grandes amigos."

Capítulo 6:

Los Fundamentos De Las Finanzas Familiares

Una planificación buena y exhaustiva de la economía familiar debería, idealmente, incluir las metas, sueños, recursos y responsabilidades de la familia completa.

Lo Esencial

Esto es para garantizar que todo lo necesario para un plan a largo plazo esté cubierto, creando así una mejor visión de la dirección que la familia entera debería seguir.

También es una buena forma de diseñar el camino hacia las metas familiares, así como el trabajo necesario para alcanzarlas. Lo positivo de esta forma de planificación es la colaboración entre todos los involucrados, y el vivir experiencias buenas y prácticas en el proceso.

En muchos casos, la planificación de un presupuesto familiar a corto y largo plazo ayuda a unir a la familia y a que sean más capaces de lidiar con los problemas que se les presenten.

Los fundamentos de las finanzas familiares también deben crear un margen para dificultades inesperadas que, con toda seguridad, ocurrirán a medida que la familia crece y evoluciona.

Otro elemento importante de este tipo de plan es aprender a inspirar a la familia a vivir de acuerdo a los gastos preparados. Aprenderán a adaptar sus necesidades e indulgencias al plan de gastos.

Tener reuniones y que cada miembro esté al tanto de la situación económica de la familia ayudará a infundir una sensación de responsabilidad en cada uno. Esto garantizará que todos trabajarán en unidad para hacer que el plan financiero de la familia sea manejable.

Un beneficio más de una planificación ideal es que los más pequeños conozcan y estén involucrados con los componentes, compromisos y sacrificios que los padres hacen para darles una mejor calidad de vida.

Capítulo 7:
Reuniones Familiares Y Metas Económicas

Involucrar a cada miembro de la familia en el plan financiero y el establecimiento de metas será positivo para todos, ya que podrán ver qué se necesita para dirigir una familia exitosa y cómodamente.

Conversa

La perseverancia y compromiso necesarios para crear un plan económico familiar adecuado y factible también hará que los hijos aprecien la voluntad de sus padres de compartir los frutos de su trabajo.

Esto se alcanza a través de reuniones familiares orientadas a los detalles de las metas financieras de la familia. A continuación, algunos de los elementos que deberían integrarse a estas reuniones:

Deberían convocarse para discutir las aspiraciones y objetivos que la familia quiere alcanzar como una unidad, y debería incentivarse la participación de todos los miembros para que expresen sus opiniones personales sin reservas.

La clave para criar hijos conscientes y cuidadosos con sus gastos está en inculcarles, desde temprana edad, los beneficios de hacer un presupuesto y seguirlo al pie de la letra.

Cosas como fondos universitarios, mejoras para el carro y gastos domésticos grandes deberían ser discutidos y explicados detalladamente a todos los miembros para que haya un entendimiento general del compromiso económico de la familia.

Conseguir todos los documentos relevantes, como registros financieros, y evaluarlos objetivamente ayudará en el desarrollo de un eventual plan económico.

Hacer que todos los miembros de la familia estén comprometidos a eliminar cualquier gasto innecesario y excesivo es otra actitud positiva que debe ser incentivada en las reuniones familiares.

Capítulo 8:

Evalúa Tu Posición Económica

Es una excelente idea realizar evaluaciones financieras regulares para entender mejor la posición económica de la familia. Esto permitirá que la familia haga ajustes en su plan, en caso de ser necesarios.

¿Dónde Están?

El valor neto de una familia está cambiando constantemente y esto se debe, principalmente, a factores externos que están fuera del alcance del grupo.

Por ende, hacer ejercicios de evaluación regulares ayudará a que los padres puedan ajustarse mejor a estos cambios, y puedan hacer decisiones informadas sobre el futuro económico de la familia.

A veces estos cambios pueden incluir reducciones en gastos, reinversiones de ingresos para generar más ganancias, o incluso el disfrute inmediato de ahorros.

Estas decisiones se pueden hacer solo cuando todos los miembros están comprometidos en contribuir positivamente a la economía general de la familia.

Cuando la ayuda de todos los miembros está disponible, cualquier pequeño progreso o ahorro puede tener un efecto liberador en la familia completa, ya que demostrará los resultados de un equipo que trabaja en conjunto para su propio bienestar.

La motivación de todos los miembros es otro beneficio de que la familia pueda administrar sus finanzas de forma colaborativa.

A través de un proceso evaluativo de la posición económica de cada miembro de la familia, y de la familia en sí, se podrán tomar más decisiones para invertir.

Si la situación económica permite invertir en un portafolio más amplio, sin que esto represente un efecto negativo en el poder adquisitivo del grupo, entonces es una oportunidad que debe ser aprovechada.

Sin embargo, como con cualquier compromiso, se recomienda cuidado para evitar extralimitarse.

Capítulo 9:

Elimina Los Gastos Adicionales

A veces, después de hacer una evaluación de la situación económica de la familia, se determina que hay que hacer algunos cambios para que todos los miembros vivan cómodamente sin caer en deudas. Esto requiere un estudio detallado de los hábitos de gasto de cada uno y una revisión de qué se puede modificar.

Deshazte De Lo Innecesario

A continuación, unas sugerencias para eliminar exitosamente los hábitos de gasto innecesarios sin ocasionar problemas y estrés:

El primer paso será escribir una lista de cómo, exactamente, se está gastando el dinero. Al determinar dónde se están invirtiendo los ingresos, el miembro o la familia completa podrá trabajar en equipo para identificar dónde se pueden reducir los gastos de forma efectiva.

Cuando se hayan identificado estos aspectos, el siguiente paso será aplicar los cambios lo antes posible para que los compromisos monetarios inmediatos puedan disminuir. Estos incluyen compras innecesarias, e indulgencias que no valen la pena o son frívolas. La forma más efectiva y rápida de empezar a gastar controladamente es ir de compras con una lista de necesidades, no de caprichos, y de seguir la lista al pie de la letra sin importar qué ofertas haya en artículos que no estén en ella.

Recortar los gastos en entretenimiento, especialmente del tipo costoso, es otra forma de eliminar el consumo exagerado. En vez de salir por la ciudad, organiza reuniones en casa, en las que los invitados colaboren con comida o bebidas.

Esto no solo se convertirá en una nueva forma de entretenerse, sino que será mejor que una discoteca ruidosa o un restaurante caro en el que la comida consumida no justifica el monto en la factura.

Capítulo 10:

Encuentra Formas Económicas De Divertirte

Las siguientes son algunas formas de divertirse sin caer en bancarrota:

No siempre hace falta quedarse en casa para tener diversión barata. Hay lugares a los que la familia puede ir sin tener que gastar mucho dinero.

Una de las formas más populares es organizar un picnic. Llevar comida hecha en casa sería el primer paso en reducir costos y elegir un lugar que sea seguro y propicio, pero que esté lo suficientemente cerca como para no pagar en transporte, sería una ventaja.

Ir en una excursión es otra forma módica de entretenerse. La familia disfrutará hacer ejercicio unida y, al mismo tiempo, aprenderá a apreciar los exteriores, la naturaleza y todos los elementos fascinantes que ofrece sin costo alguno.

Si los miembros de la familia disfrutan la literatura, un viaje a la biblioteca, donde pueden pasar horas divirtiéndose leyendo, es otra opción gratis de entretenimiento.

Esto sería más económico que comprar material de lectura, ya que éste puede ser muy caro e incluso puede no valer lo que cuesta a largo plazo. Para aquellos que disfrutan la cultura y las artes, una alternativa económica sería ir a museos o exposiciones culturales.

Otras actividades buenas y económicas que cultivan el trato en familia son volar cometas, ir a la playa, caminar por el parque y jugar al aire libre.

Capítulo 11:

Sincronízate Económicamente Con Tu Pareja

Estar en la misma página, financieramente, con una pareja es beneficioso para cualquier relación. Las parejas ya tienen que enfrentar muchos retos sin tener que agregarles problemas monetarios.

Conéctense

Las siguientes son sugerencias para encontrar un punto medio en el camino hacia obtener posibilidades de sincronizarse a un nivel financiero:

El primer paso es poner en la mesa todos los registros financieros. Ésta es la mejor forma de comenzar ya que ambas partes podrán discutir, honestamente, de dónde y cómo llega el dinero a la familia.

Entender este proceso también garantizará que la pareja haga todos los ajustes necesarios para evitar disputas económicas en el futuro de la relación. Es sumamente importante ser sincero sobre los documentos de cada uno.

Cuando esto se haya explicado y entendido, el siguiente paso será discutir y establecer las metas económicas que se quieren alcanzar. Conversar sobre estos objetivos también creará un lazo más estrecho de cooperación si ambas partes están de acuerdo con las metas propuestas.

Trabajar para llegar a ellas puede ser una experiencia gratificante, especialmente si ambos están involucrados en el mismo nivel. Cuando se hayan establecido los objetivos, la pareja puede proceder a hacer su propio presupuesto.

De igual forma, en esta etapa ambas partes deberían ayudarse para tomar el control de su poder adquisitivo y mantener sus compromisos. Presupuestar tiende a ser más sencillo cuando se implementa un sistema de control y equilibrio para guiar a cada individuo.

Otro elemento fundamental para sincronizarse financieramente es respetar las necesidades y deseos del otro. Por esta razón, es una buena idea no ser controlador.

Capítulo 12:
Los Peligros De No Tener Tus Finanzas En Orden

El resultado más obvio de no ser conocedor de las finanzas es que las probabilidades de caer en grandes deudas son muy altas. Sin embargo, se debe tomar en cuenta que pensando un poco y aceptando ayuda, es posible mantener el dinero en orden y no tener futuras cargas acumuladas.

Los Riesgos

Existen numerosos peligros que una persona o familia encontrará en el camino si no existe un control o un formato de orden financiero. Uno de ellos es la caída en una deuda acumulada tan grande que salir de ella sea inmensamente difícil y hasta imposible.

En algunos casos, no hay otro curso de acción más que declararse en bancarrota. Éste es el peor escenario posible, así que antes de que la situación llegue a este nivel, se deben tomar medidas para minimizar los gastos.

Cuando las finanzas están desorganizadas, gastar sensatamente es algo imposible porque que no hay ninguna lista que diga qué es la prioridad o dónde se debe invertir.

El peligro sería gastar ciegamente en cualquier cosa sin llevar un registro de compras o sin analizar los hábitos de gasto, porque esto causaría un gran daño a la credibilidad financiera de la persona. Por supuesto, esto también afectaría, eventualmente, a la familia entera y a sus necesidades.

Capítulo 13:
Fundamentos De Inversión

Antes de que entres en este capítulo, es mejor que no solo descubras más sobre las inversiones y cómo funcionan, sino que determines cuáles son tus metas.

¿Qué quieres lograr con tus inversiones? ¿Financiarás una educación universitaria? ¿Comprarás una casa? Antes de que inviertas un solo centavo, considera cuidadosamente qué quieres conseguir con esa inversión. ¡Saber cuál es tu meta te ayudará a tomar decisiones más sabias!

El Punto De Inicio

Muy a menudo, la gente invierte dinero soñando que serán ricos de la noche a la mañana. Es posible, pero muy raro. Suele ser una terrible idea invertir esperando convertirse en millonario al día siguiente. Es más seguro invertir tu dinero de tal forma que aumente con el tiempo, y pueda ser usado para jubilarte o para financiar la educación del joven de la casa. Sin embargo, si tu meta es adquirir dinero rápido, deberías aprender tanto como sea posible sobre inversiones de alto rendimiento y corto plazo.

Deberías considerar conversar con un asesor financiero antes de hacer cualquier inversión. Él te ayudará a determinar qué tipo de inversión debes hacer para alcanzar las metas que estableciste. También podría darte información realista sobre qué ingresos podrías esperar y cuánto te tomaría alcanzar tus objetivos.

De nuevo, recuerda que invertir requiere más que solo llamar a un corredor de bolsa y decirle que quieres comprar acciones o bonos. Hace falta que hayas investigado y tengas cierto nivel de conocimiento sobre el mercado si esperas invertir exitosamente.

Capítulo 14:
¿Deberías Invertir?

Las inversiones se han convertido en algo cada vez más indispensable con el pasar de los años y a medida que el futuro de las ventajas del Seguro Social se llena de incertidumbre.

Información Importante

Las personas quieren asegurar sus futuros, y saben que si dependen de las ventajas del Seguro Social -y, en algunos casos, de planes de jubilación- podrían darse un buen susto cuando ya no tengan la habilidad de ganar ingresos fijos por su cuenta. La inversión es la respuesta a la incertidumbre del futuro.

Tal vez has estado ahorrando dinero a una tasa de interés baja a lo largo de los años, pero ahora quieres ver ese dinero aumentar más rápido. Tal vez heredaste una gran riqueza o te cayó dinero del cielo, y necesitas alguna forma de aumentar ese capital. De nuevo, la inversión es la respuesta.

Asimismo, invertir es una forma de conseguir lo que quieres, como una nueva casa, una educación universitaria para tus hijos o "juguetes" caros. Naturalmente, tus metas económicas determinarán qué tipo de inversión debes hacer.

Si quieres o necesitas acumular mucho dinero rápidamente, estarás más interesado en inversiones de alto riesgo, que te darán un ingreso mayor en menos tiempo. Si quieres ahorrar para planes futuros, como tu jubilación, querrás hacer inversiones más seguras que crezcan conforme pasen los años.

El propósito general de las inversiones es crear riquezas y seguridad en un plazo de tiempo determinado. Es crucial recordar que no siempre podrás generar ingresos estables... y que eventualmente querrás jubilarte.

Asimismo, tampoco puedes contar con que el Seguro Social haga lo que tú quieres que haga. Como vimos en el caso Enron y Worldcom, tampoco deberías depender del plan de jubilación de tu compañía. Así que, de nuevo, invertir es la clave para asegurar tu futuro económico, ¡pero debes hacer inversiones inteligentes!

Capítulo 15:
Primero Lo Primero - Estabilízate

Antes de considerar invertir en cualquier mercado, deberías analizar detalladamente tu posición actual. Invertir en el futuro es una gran idea; sin embargo, deshacerte de malas -o posiblemente malas- situaciones en el presente es más importante.

Teniendo Todo Bajo Control

Saca tu informe de crédito. Debes hacer esto una vez al año. Es imprescindible que sepas qué aparece en tu informe y que pongas todo lo negativo en orden tan pronto como puedas. Si apartaste $25,000 para invertir, pero tienes $25,000 de mal crédito, ¡debes resolver eso primero!

Después, analiza cuánto pagas cada mes y elimina los gastos innecesarios. Por ejemplo, las tarjetas de crédito de alto interés no son necesarias. Págalas y deshazte de ellas. Si tienes préstamos pendientes de alto interés, págalos también.

Cuando menos, cambia la tarjeta de alto interés por una de bajo interés y refinancia préstamos de alto interés con unos de bajo interés. Puede que debas utilizar algo de tus fondos de inversión para ocuparte de esto, pero a largo plazo, verás que es la opción más inteligente.

Ponte en buena forma financiera y, después, mejora tu situación económica con inversiones inteligentes. No tiene sentido que comiences a invertir si tu saldo bancario siempre es bajo o si estás teniendo problemas para pagar tus facturas mensuales. Tu dinero de inversión será mejor utilizado resolviendo problemas económicos que te afecten a diario.

Mientras estás en el proceso de optimizar tu posición financiera, ponte la tarea de educarte sobre los tipos de inversión. De esta forma, cuando estés en una posición estable, estarás equipado con el conocimiento necesario para hacer inversiones inteligentes en el futuro.

Capítulo 16:
Produciendo Activos Adicionales

Existen muchos libros y planes educativos sobre cómo comprar activos sabiamente. Para muchos, comprar activos es el plan con más beneficios, pero si tus aspiraciones giran alrededor de adquirir activos para poder invertirlos eventualmente, la pregunta es: ¿Estás dispuesto a producir tus propios activos en vez de comprar los de otra persona?

Este libro trata sobre ingresos pasivos, y sobre cómo tomar una idea y convertirla en un activo que produzca activos adicionales. No solo trata sobre cómo ganar grandes sumas de dinero; también cómo quedarse con esos ingresos y hacer que produzcan más activos, además de las inversiones. Revela cómo muchas personas adineradas lograron obtener sus riquezas.

Así que, si esto te intriga, entonces continúa, por favor. El acertijo es: "¿Cómo produces un activo sin gastar ingresos para obtenerlo?" Hay quienes compran activos y hay quienes los producen.

Muchos tienen ideas que podrían hacerlos más ricos de lo que podrían imaginar. El problema es que la mayoría de las personas nunca han sido educadas en cómo implementar una estructura de negocios en sus ideas, así que muchas de ellas nunca toman forma o se mantienen firmes.

Si deseas formar parte del grupo de gente que tiene excedente para invertir, debes entender cómo establecer una estructura de negocios y adaptarla a tus ideas creativas. Cuando intentes convertir tus ideas en una fortuna personal, muchos dirán "no puedes hacerlo."

Siempre recuerda que nada desmorona tus increíbles ideas más que personas con pequeñas ideas e imaginaciones cerradas. El obstáculo al convertir nuestras ideas en millones, o incluso billones, de dólares, suele ser la lucha entre nuestro espíritu y nuestro, a menudo, promedio cerebro.

Tienes que tener un espíritu y convicciones firmes para convertir tus pensamientos en fortunas. Incluso si comprendes el proceso a través del cual tus ideas te harán millonario, recuerda siempre que las grandes ideas solo se convierten en grandes fortunas si la persona detrás de ellas también quiere ser grande.

Tiende a ser difícil seguir trabajando cuando todos a tu alrededor dicen: "No puedes hacerlo." Tienes que tener un espíritu firme para resistir la duda de aquellos que te rodean, pero tu espíritu debe ser todavía más fuerte si tú eres quien te dice a ti mismo que no puedes lograrlo.

Esto, sin embargo, no quiere decir que deberías cerrar tus oídos a las buenas y malas ideas de tus amigos, o las tuyas. Sus ideas y opiniones deberían ser escuchadas y, usualmente, implementadas si es que son mejores que las tuyas.

Pero no te estoy hablando solo de simples ideas o consejos. Me refiero a mucho más: tu estado emocional y tu voluntad de seguir adelante, incluso si estás lleno de dudas y se te acabaron las buenas ideas.

Nadie puede decirte de qué eres capaz en la vida y de qué no. Solo tú puedes regular eso. Tu propia grandeza suele estar al final del camino, un lugar en el que, paradójicamente, te encuentras sin ideas, sin ingreso y lleno de dudas.

Cuando empieces a convertir tus pensamientos en ingresos, habrá ocasiones en las que puedas caer en ese lugar, pero si descubres en ti mismo la voluntad de seguir, te darás cuenta de qué hace falta para convertir tus ideas en increíbles activos.

Transformar un pensamiento en una fortuna es una cuestión de espíritu más que de capacidad mental. Al final del camino, cada persona descubre su espíritu.

Encontrar tu espíritu y solidificarlo es más importante que la idea o el negocio que quieres desarrollar. Cuando descubres tu voluntad emprendedora, podrás tomar ideas promedio y convertirlas en increíbles fortunas, y tendrás dinero para invertir. Siempre recuerda que el mundo está lleno de gente con grandes ideas y poca gente con grandes fortunas.

Capítulo 17:
Estrategia Y Estilo

Ya que invertir no es un negocio seguro la mayoría del tiempo, se parece bastante a un juego: no sabes el resultado hasta que el juego terminó y se declaró un ganador.

Siempre que juegas un juego, tienes un plan. Las inversiones son exactamente iguales: necesitas un plan de inversión.

Conocer tu tolerancia al riesgo y tu modelo de inversión ideal te ayudará a elegir inversiones más sabias. Aunque existen varios tipos de inversión, hay solo tres perfiles de inversión específicas, y esos perfiles se relacionan con tu tolerancia al riesgo.

Estos son "conservador", "moderado" y "agresivo".

Lo Que Hay Que Entender

Un esquema de inversión es, básicamente, un plan para invertir tu efectivo en varios tipos de inversiones que te ayudarán a conseguir tus metas financieras en un plazo determinado de tiempo. Cada tipo de inversión contiene inversiones individuales de las que debes elegir. Una tienda de ropa vende prendas de vestir, pero esta vestimenta incluye franelas, vestidos, faldas, ropa interior, etc.

La bolsa de valores es un tipo de inversión, pero contiene varios tipos de acciones, que a su vez contienen distintas compañías en las que puedes invertir.

Si no has investigado, puede que se vuelva bastante confuso porque hay demasiados tipos de inversiones e inversiones individuales de las que elegir. Aquí es donde tu esquema, combinado con tu tolerancia al riesgo y perfil de inversión, entran en juego.

Si eres nuevo en el mundo de la inversión, trabaja con un asesor financiero antes de hacer cualquier negocio. Él te ayudará a crear un esquema que no solo caerá dentro de los límites de tu tolerancia al riesgo y perfil de inversión, sino que también te ayudará a cumplir tus objetivos financieros.

¡Nunca inviertas dinero sin antes tener una meta y un plan para alcanzarla! Esto es imprescindible. ¡Nadie entrega su dinero a alguien más sin saber para qué se usará y cuándo lo tendrán de vuelta! Si no tienes una meta, un plan o un esquema, ¡eso es lo que estás haciendo!

¡Siempre comienza con un objetivo y un plan para alcanzarlo!

Naturalmente, si descubres que tienes baja tolerancia al riesgo, tu perfil de inversión será, muy probablemente, conservador o moderado. Si tienes una tolerancia alta, seguro serás un inversor moderado o agresivo. Asimismo, tus metas financieras determinarán que perfil de inversión utilizarás.

Si estás ahorrando para jubilarte comenzando en tus años veinte, deberías utilizar un perfil de inversión conservador o moderado, pero si quieres acumular el dinero necesario para comprar una casa en un par de años, deberías utilizar un perfil agresivo.

Los inversores conservadores quieren mantener su inversión inicial. Dicho de otra forma: si invierten $5,000, quieren asegurarse de que tendrán esos $5,000 de vuelta. Este tipo de inversor suele negociar en acciones y bonos comunes, y cuentas del mercado monetario a corto plazo.

Una cuenta de ahorros con tasa de interés es algo común en inversores conservadores.

Un inversor moderado tiende a invertir de forma similar a uno conservador, pero éste utiliza una porción de sus fondos de inversión para negocios de mayor riesgo. Muchos inversores moderadores utilizan un 50% de sus fondos en negocios seguros o conservadores, e invierten lo demás en negocios más arriesgados.

Un inversor agresivo está dispuesto a tomar riesgos que otros inversores no. Ellos invierten grandes sumas de dinero en negocios arriesgados con la esperanza de obtener mayores ingresos, ya sea a corto o largo plazo. Los inversores agresivos suelen tener la mayoría, o todos, sus fondos de inversión atados al mercado de valores.

De nuevo, tu perfil de inversión será determinado por tus metas financieras y tu tolerancia al riesgo. No importa qué tipo de inversión hagas, pero deberías investigar ese negocio con mucho cuidado. ¡Nunca inviertas sin estar bien informado!

Conclusión

En el camino cometerás algunos errores en tus inversiones, pero existen ciertos errores monumentales que debes evitar a toda costa si planeas ser un inversor exitoso. Por ejemplo, el peor error que podrías cometer es no invertir en lo absoluto, o dejarlo para después. Haz que tu dinero trabaje por ti, ¡aunque lo único que puedas invertir sean $20 semanales!

Aunque no invertir o dejarlo para más tarde son errores enormes, invertir antes de que estés en la posición financiera ideal es otro terrible descuido. Arregla tus circunstancias monetarias actuales y entonces empieza a invertir. Estabiliza tu crédito, paga los préstamos de alto interés y las tarjetas de crédito, y ahorra al menos tres meses de gastos diarios. Cuando hagas esto, estás listo para dejar que tu dinero trabaje por ti.

No inviertas para hacerte rico de la noche a la mañana. Ése es el tipo de inversión más peligroso que hay, y lo más probable es que termines perdiendo. Si fuese simple, ¡todo el mundo lo estaría haciendo! En vez de eso, invierte a largo plazo y ten la paciencia para resistir las tormentas y permitir que tu dinero aumente. Solo invierte a corto plazo cuando necesites el dinero en poco tiempo y, en ese caso, invierte en negocios seguros, como certificados de depósito.

No pongas todos tus huevos en la misma cesta. Diversifica tu capital entre varios tipos de inversiones para obtener los mejores resultados. Asimismo, no muevas mucho tu dinero. Déjalo solo. Elige cuidadosamente tus negocios, invierte tu dinero y déjalo crecer. No entres en pánico si la acción baja unos dólares. Si es una acción estable, volverá a subir.

Un error común que muchas personas cometen es pensar que sus inversiones en coleccionables de verdad traerán dinero. De nuevo, si esto fuese cierto, todo el mundo lo haría. ¡No cuentes con que tu colección de latas de Coca-Cola o de libros vaya a pagar tus años de jubilación! Cuenta en inversiones hechas con efectivo.

¡Ahora ve y empieza a administrar tu dinero como debe ser!

¡Felices inversiones!